Par Seydel

ESSAI SUR L'ART DE NAGER.

AVIS.

Cette brochure, quoiqu'imprimée à Londres, se débite à Paris, au Palais-Royal. Le prix est de vingt-quatre sous. L'Auteur se fera un plaisir de l'adresser par la poste, franche de port, aux personnes de province qui la lui demanderont. Mais il faut, pour cela, que les demandes soient faites *par écrit*, & non autrement, *à l'Auteur*, chez M. Biziaux, Maitre Relieur (à l'Anglaise), rue du Foin S. Jacques, N°. 32.

TABLE.

ESSAI SUR L'ART DE NAGER.

SECTION PREMIERE.

Sur la nâge en général. (*).

JE n'avois pas encor ſept ans, que je parcourois les bords d'un lac, monté ſur trois planches de ſapin, & armé d'un aviron de ſaule. Lorſqu'une petite vague venoit diviſer ſous mes pieds mon frêle

(*) Le mot de *natation*, ne me ſemble pas aſſez affermi dans notre langue, pour que je doive le préferer à celui de *nâge*.

bâtiment, je fesois la culbute; & je plongeotois en en réunissant les débris. Vous remarquerez, s'il vous plait, que j'avois eu la précaution de me mettre nud. Il y a telle matinée qui m'a coûté vingt chûtes de cette espece, & où par conséquent j'ai puisé vingt leçons de plus sur un exercice dont l'utilité salutaire s'étend même aux persones qui ne le pratiquent pas.

A l'âge de seize ans j'avois déjà sauvé la vie à cinq ou six de mes compagnons d'études : & j'ai négligé depuis de nombrer les hommes qui me doivent leur conservation.

Je n'écris point ceci, ami lecteur, pour vous faire l'éloge de mon humanité, de ma sensibilité, ou de ma piété; mais pour vous faire pressentir que je suis au niveau de mon sujet. Il n'est point d'habile plongeur qui voyant périr un homme, ne ſe jette précipitament à l'eau pour le retirer. On ne penſe dans ces inſtans ni à la gloire ni à la gazette, on penſe tout uniment à ſe ſatisfaire. On compte ſur ſon habileté, ſur ſa vigueur ; on eſt perſuadé qu'on ne riſque rien pour ſa propre vie : & on vous retire du milieu d'un fleuve, comme on releveroit un homme ivre de deſſous la table.

Il eſt vrai que lorſque le coup eſt fait, on eſt bien aiſe de s'entendre remercier. Ce n'eſt pas d'ordinaire celui que vous avez ſauvé, qui vous remercie ; ce ſont les ſpectateurs. Quant à lui, ſi la peur ne lui a pas fait oublier le danger qu'il couroit, il en eſt trop profondément ocupé pour qu'il puiſſe de ſitôt ſonger à autre choſe. S'il croit n'avoir couru aucun danger, ce qui eſt très comun, il s'efforce de le perſuader aux ſpectateurs, & il eſt tout étoné qu'on ne veuille pas l'entendre. Un jeune homme qui est aujourd'hui capitaine dans les colonies, se baignant un jour avec moi dans le Rhône, disparut tout-à-coup; je plongeai & le remis à flot. Au moment où il avoit senti que je l'empoignois, il s'étoit si fort attaché à moi, qu'il avoit imprimé ses dix ongles dans mon bras gauche. Lorsque nous fumes au bord, il soutint que j'avois pris l'alarme trop vite & que sa tête n'avoit pas plongé: les spectateurs avoient beau dire. Cependant le sang qu'il vit couler de ma blessure, le convainquit enfin ou à peu près.

Je n'oublirai jamais la maniere aussi attendrissante qu'extraordinaire dont je fus remercié, il y a quelques années, pour avoir retiré de la Seine un garçon tisserand. C'étoit un dimanche du mois d'août. Je me promenois dans une prairie à peu de distance d'une ville où j'avois couché la veille. Je vis de loin une foule d'hommes & de femmes courir vers le bord de la riviere: je conclus qu'il arrivoit un accident: je me mis à courir aussi; & chemin faisant je jetois mon chapeau, mes souliers, mon habit, mon épée, ma cravate; je m'arrêtai un instant pour me dépouiller du reste, & me présentai nud à l'endroit où s'étoit portée la foule. On m'aprit qu'un homme venoit de disparoitre en se baignant. Lorsque je l'eus tiré au bord, je me vis entouré, non pas d'importuns, mais de sept ou huit dames, dont l'une m'essuyoit avec un mouchoir, l'autre me passoit ma chemise, une troisieme me présentoit mon caleçon, une quatrieme me soutenoit par le bras; c'étoit à qui se rendroit utile à mon habillement. Quoique j'eusse parsemé ma dépouille dans un espace de deux ou trois cens pas, & que la promenade fût couverte de gens de toute espece, je n'eus rien de perdu.

En disant que partout on s'empresse

de retirer un homme qui ſe noie, j'aurois dû excepter Paris, au riſque d'effrayer mes lecteurs. Je m'explique.

Il n'y a pas long-tems que l'hôtel-de-ville de Paris accordoit une récompenſe de neuf francs à quiconque retiroit de l'eau un homme mort, & de vingt-quatre ou davantage à quiconque le retiroit vivant. Deux plongeurs feignirent, l'un de ſe noyer, l'autre de retirer ſon compagnon, & ils ſe partagerent entre eux la récompenſe. Le métier parut bon, & leur exemple fut ſuivi. Le commis chargé du détail des gratifications, fut averti de cet abus. Afin de le détruire dans ſon principe, il ſuprima toute récompenſe acordée à quiconque ne retireroit de l'eau qu'un homme encore vivant.

Et il a continué de donner neuf francs à quiconque retire de l'eau un homme qui ne vit plus.

Ainſi

Ainſi au moyen de cette précaution économique, à Paris il y a un bénéfice clair de neuf francs à laiſſer bien noyer ſon homme avant de le pêcher. Ma mémoire me préſente des faits terribles ; je me contenterai de propoſer quelques doutes.

Il ſe pouroit, par exemple, que des mariniers euſſent refuſé d'alonger le bras, de tendre une perche, ou de jeter un bout de corde, pour ſauver la vie à un homme : il ſe pouroit que des mariniers ſe fuſſent acordés à calculer froidement le nombre de minutes paſſé lequel on peut retirer un homme quand on ne veut pas avoir la douleur de le voir vivre, & de manquer la récompenſe promiſe : il ſe pouroit que des mariniers euſſent ſoulevé un homme à la ſurface de l'eau, & qu'au moment où ils auroient aperçu en lui quelques reſtes de vie, ils l'euſſent déchiré avec leurs crochets pour l'achever.

Une chose assez remarquable, c'est que le commis continue de récompenser ceux qui retirent un homme encore vivant, pourvû qu'ils prouvent que c'est un suicide. Ainsi, d'après ce réglement, on a intérêt à faire mourir l'homme qui voudroit vivre, & l'on force de vivre l'homme qui voudroit mourir.

Enfin (mais je ne donne point ceci comme un doute) j'ai sauvé moi-même un jeune imprudent des mains d'un perfide plongeur qui le tiroit par les pieds au fond de la riviere pour aller demander neuf francs à l'hôtel-de-ville. Et qu'on ne s'imagine pas que les guet-à-pens de cette espece, soient excessivement rares, ni qu'on puisse toujours s'en garantir en se plaçant au milieu d'une foule de baigneurs. Au contraire; plus on est nombreux, moins on se remarque les uns les autres. Un homme disparoît subitement, on ne sait s'il a plongé pour aller reparoître plus bas : on ne le voit plus à droite, on croît qu'il eſt paſſé à gauche. Les trois quarts & demi des baigneurs ne s'occupent que d'eux-mêmes, & point du tout de ce qui les environe.

L'unique préſervatif qu'on puiſſe employer contre ces aſſaſſinats, c'eſt d'apprendre ſoi-même à plonger, & de ſe mettre en état de coleter un coquin ſous l'eau dans l'ocaſion. Nul ne peut être bon nâgeur s'il n'eſt plongeur. Sur cent nâgeurs de noyés, par quelqu'accident que ce ſoit, quatrevingt-dix-huit ne le ſont que faute d'avoir ſu plonger. Cette vérité n'eſt pas aſſez connue; je la répéterai tant, qu'elle finira par l'être.

Ce n'eſt pas tout. L'art de nâger ne conſiſte pas ſeulement à ſe ſoutenir ſur l'eau quelques heures. S'il ne conſiſtoit qu'en cela, il n'y auroit pas plus d'art de nâger que d'art de marcher. Voyez ce malheureux barbet que la canaille vient de jetter du pont-royal dans la Seine, il se soutient mieux que moi, parce qu'il est conformé plus avantageusement; mais il va périr, & moi je ne périrai pas. Il voit tout près de lui la plateforme d'un éperon; il veut y aborder. Il fait de longs efforts pour remonter le courant. Après s'être bien fatigué, il reconoît qu'il n'y parviendra pas, & qu'il faut aborder la rive. Il lui reste assez de forces, mais il va les employer mal. Il veut couper le courant à angle droit, pour aborder au point de la rive la plus proche de lui. Il s'épuise encore en vains efforts, le courant l'entraine. Enfin il s'apperçoit qu'il ne doit pas combatre le courant; mais il s'y prend mal pour lui céder. Il se dirige obliquement, de maniere que sa tête est plus éloignée du pont que l'autre extrémité de son corps. Ses meurtriers commencent à craindre qu'il n'échape; leur crainte est fondée sur leur gnorance : le courant le repoussera toujours au fil de l'eau, & bien-tôt il n'aura plus la force de soutenir son museau à l'air.

Mais voyez ce chien de pêcheur s'élancer fiérement dans le Rhin pour aller à son maître qu'il apperçoit de l'autre côté du fleuve. Il se présente au courant dans un sens oblique, mais oposé à celui qu'adoptoit le chien sans expérience : c'est-à-dire que sa tête est plus voisine de la source que sa queue. Tous ses efforts ne tendent, pour ainsi dire, qu'à maintenir son corps dans cette situation; le courant fera le reste, en le poussant contre la rive où il veut aborder.

Un détachement de cavalerie se voit contraint de passer une riviére à la nâge. Chaque maitre fait prendre à son cheval une position & une direction contraires à celles qu'auroient indiquées le raisonement ou l'expérience. Les chevaux ſe laſſent, les cavaliers s'épouvantent, ſe jettent ſur l'encolure, détruiſent l'équilibre : les croupes ſont en l'air, les têtes ſont dans l'eau, le détachement périt.

Voilà qui peut nous donner envie de trouver l'*art* de nâger; art que l'antiquité a dû conoître, ſi nous en croyons les hiſtoriens, mais après lequel on court aujourd'hui ſans trop ſavoir le chemin qu'il faut prendre.

Perſonne n'a oublié qu'en mille ſept cent quatrevingt - quatre, un bon nombre de citoyens qui n'écoutoient que leur zéle pour le progrès des ſciences, ſe virent la dupe d'un mauvais plaiſant, prétendu inventeur d'un ſecret de marcher ſur l'eau. Il ne tint pas à moi que le public ne fût détrompé le lendemain de l'anonce. J'écrivis à cet effet deux lettres au *Journal de Paris* : je raporterai la première qui est la plus courte.

» L'homme que vous produisez aujour-
» d'hui, Messieurs, est peut-être à la fois
» imposteur & ignorant; mais à coup-sûr il
» est l'un ou l'autre.

» Les moyens dont il prétend qu'il se
» servira pour traverser la Seine, sont
» ridicules, & ne sauroient être mis en
» usage même sur une eau morte.

» Je ne désespere pas qu'on parviene
» un jour à marcher sur l'eau; mais
» certainement ce ne sera pas à votre
« horloger de Lyon que nous devrons
» cette découverte : il y a vingt manieres
» de le démontrer d'après sa lettre. »

Les auteurs du Journal crurent aparemment que mes conseils étoient dictés par la jalousie; ils les passerent sous silence. A-peu-près dans le même temps M. Sonerat publioit ses observations sur la Chine, & d'autres journalistes en critiquerent un passage, de façon à prouver que la téorie élémentaire de la nâge est encore genéralement inconnue. M. Sonerat dit dans ce livre qu'il n'est pas vrai qu'à la Chine les peres & les meres noient leurs enfans quand ils en ont trop à nourir : Et ce qui peut avoir doné lieu à cette fable, ajoute-t-il, c'est que dans les villes bâties sur l'eau on a coutume d'atacher au dos des enfans une vessie gonflée, afin d'empêcher qu'ils ne se noient quand ils y tombent. Les critiques objecterent à ce voyageur que si les chinois vouloient conserver leurs enfans, ils atacheroient cette vessie, non pas au dos mais à la poitrine, & conclurent que puisqu'ils l'attachoient au dos ils vouloient s'en défaire.

C'est sur ce faux principe qu'on raisonoit

ſonoit dans nos armées, toutes les fois qu'on a tenté de faire nâger la cavalerie à l'aide d'un ſoutien de liége. On atachoit le ſoutien aux flancs du cheval, & il faudroit l'atacher au garrot.

Nous ſommes donc bien neufs ſur un art que chacun s'acorde aujourd'hui à regarder comme eſſenciel. Nous ne ſavons ſeulement pas quel ſeroit le vrai moyen de rendre familier aux matelots l'exercice de la nâge. Depuis l'année mille ſept cens ſoixante-deux, époque où parut l'Emile, trente perſones ont imaginé des projets d'école qui tous prouvent notre ignorance. Les uns veulent qu'on tende horiſontalement au-deſſus d'un baſſin, une longue corde que les écoliers empoigneront dans l'air, tandis qu'ils s'exerceront à mouvoir les jambes dans l'eau; les autres, qu'on ſoutiene l'écolier ſur le baſſin, à l'aide d'une corde paſſée dans le trou d'une poulie qui roulera le long d'un câble : ceux-ci ordonent que les professeurs feront des évolutions dans un bâtardeau, portant chacun un écolier sur ses épaules ; ceux-là suspendent le patient à une bretèle, & le font nâger à sec dans une antichambre.

Entre les écrits publiés directement ou indirectement sur la nâge, le public a dû distinguer deux mémoires de M. Ameilhon, insérés vers l'année mille sept cens quatrevingt dans le recueil de l'académie des belles-lettres, dont il est membre. Cet académicien a rempli avec autant de sagacité que de goût, la tâche qu'il s'étoit imposée de faire conoître ce qu'a été l'art de nâger chez les anciens peuples; mais aucun nâgeur, aucun plongeur, ne s'étoit imposé celle de faire conoître les élémens de la nâge.

Il existoit à la vérité un petit livre intitulé *L'art de nâger*, atribué à Melchiſedech Thevenot, un des hommes les plus ſtudieux & les plus ſavans qu'ait produits le ſiecle de Louis XIV; mais tout l'effet de ce livre ſe réduiſoit à faire rire les nâgeurs à qui par haſard il tomboit ſous la main. Il faut être obſervateur pour découvrir des élémens, pour aſſeoir des principes, pour créer des préceptes raiſonés; & l'auteur du livre atribué à Thevenot n'étoit rien moins qu'obſervateur.

En mille ſept cent quatre-vingt-deux, un écrivain aparament auſſi bon citoyen que mauvais nâgeur, a cru rendre ſervice au public en reſſuſcitant ce livre. Son édition eſt augmentée de deux amples diſſertations ſur les bains & ſur les ſcafandres. Quant au fond de l'ouvrage atribué à Thevenot, l'éditeur s'eſt contenté d'y changer quelques expreſſions, & d'allonger quelques phaſes, pour en rajeunir le ſtile, comme il dit.

Je vais copier les préceptes fondamentaux de cet *art de nâger*, & dans le ſtile original & dans le ſtile rajeuni.

Edition de 1696.	Edition de 1782.
Ch. 2. *Pour commencer à nager.*	Ch. 2. *Premiere leçon ſur l'art de nager.*
» .... Couchez-» vous dans l'eau » doucement ſur » le ventre, tenez » la tête & le col » droit, la poitri-» ne avancée & le » dos courbé, re-» tirez les jambes » du fond de l'eau, » étendez-les en-» ſuite, avancez » les bras, éten-» dez-les, écar-	» .... Entrez hardi-» ment dans l'eau; cou-» chez-vous-y douce-» ment ſur le ventre; » tenez la tête & le » cou droits, la poitri-» ne avancée & le dos » courbé, en forme de » demi-cercle. Retirez » vos jambes que leur » poids retient au fond » de l'eau; étendez-les » ſur la ſurface, avancez » les bras, étendez-les

» tez-les, rapprochez-les vers votre poitrine, avancez-vous tout de bon, en vous aidant des pieds, puis des mains, autant de fois que vous pourrez, vous trouverez cette maniere plaisante, & aisée. »

» écartez-les & les rapprochez successivement sans trop de précipitation vers votre poitrine. Dans cet état avancez fiérement au milieu de l'arene, en vous aidant des pieds & des mains, avec le plus de souplesse & d'agilité que vous le pourrez. »

Quelque insignifians que soient ces prétendus préceptes, à peine se montrerent-ils en stile rajeuni qu'ils furent loués dans le *Mercure de France*. Tout le monde sait que cet écrit périodique est devenu une sorte de breviaire national. Ainsi un éloge donné par les auteurs du Mercure à un méchant livre, doit produire dans les idées un bouleversement d'autant plus désastreux, que le public les croit plus volontiers sur leur parole.

En effet, les persones qui sur la foi du Mercure firent l'aquisition du soidisant *art de nâger*, prononcèrent après l'avoir lu, qu'il étoit impossible de faire un livre élémentaire sur la nâge qui eût le sens commun, puisque le livre par excelence, le livre de Thevenot, ne l'avoit pas lui-même.

Ce fut alors que je publiai sous le nom chimérique de Nicolas Roger, plongeur de profession, une mince brochure intitulée: *Méthode sûre pour aprendre à nâger en peu de jours.*

Cette brocure fut goutée. Le public s'aperçut que j'écrivois au moins d'après l'expérience. Des gens en place me firent l'honneur de me consulter sur la forme qu'on pouroit doner à des écoles de nâge. Des spéculateurs me consultèrent sur la possibilité d'en établir sans compromettre leur fortune. Diverses persones désirerent que je leur donasse des leçons ; quelques-unes m'écrivirent des billets auxquels je n'ai point répondu. Je saisis l'occasion de leur en faire mes excuses : je ne donne de leçons qu'à mes amis.

Les auteurs de la nouvelle Encyclopédie vienent de faire honeur à ma brochure, en l'insérant en entier dans le volume intitulé *Arts académiques*. Peut-être n'auront-ils pas vu que le copiste chargé de cette besogne, au risque de me rendre inintelligible en cinq ou six endroits, a cloué à mon texte cinq ou six notes que j'avois jetées au bas des pages. Cette tache n'est pas la seule qui défigure l'exposition de mes préceptes. Outre les fautes d'impression que je n'avois pas remarquées d'abord, je me reproche des incorrections qui nuisent à la clarté, je me reproche même des longueurs; & je vais m'efforcer d'être plus clair & plus précis

---

SECTION DEUXIEME.

Elémens.

On ne peut être bon nâgeur ſans être plongeur; & il eſt rare de trouver des perſones qui ne s'étant exercées qu'à nâger, ne conſervent toute leur vie pour l'action de plonger une répugnance trop ſouvent funeſte. Je conſeille donc de commencer par-là: c'eſt le ſeul moyen de ſe familiariſer véritablement avec l'eau.

Choiſiſſez un endroit où vous ayez de l'eau juſqu'aux genoux. Aſſeyez-vous, & tendez les bras à un compagnon qui ſera de bout vis-à-vis de vous, les jambes écartées, afin de laiſſer aux vôtres, qui ſeront jointes, la facilité de ſe placer entre les ſiennes. Il

Il vous tiendra par les poignets, tandis que vous vous inclinerez en arriere. Dès que l'eau aura couvert votre visage, votre compagnon vous remettra sur votre séant. Il faut répéter cet exercice jusqu'à ce qu'on soit en état de se renverser ainsi & de se relever seul à l'aide de ses mains, ce qui arrive quelquefois à la premiere leçon.

Mais gardez-vous bien de vous faire plonger l'un l'autre par surprise, ou même de vous jeter de l'eau au visage, tant que vous ne serez pas familiarisés avec cet élément. Ces sortes de plaisanteries font naitre des craintes qu'on ne surmonte pas toujours, même à l'aide d'une raison éclairée.

Vous vous acoutumerez ensuite à plonger sur le ventre, observant d'avoir les reins tendus, les jambes & les cuisses alongées, les bras en avant & dans la direction du corps, le visage exactement tourné contre terre. Pour vous relever, vous vous apuirez fortement sur les mains, sans rien changer à la position alongée du reste du corps, de sorte que les bras forment avec le tronc un angle qui diminue peu à peu de grandeur.

L'usage où l'on est en certains cantons de se boucher le nez, est tout-à-fait vicieux: il sufit qu'on retienne sa respiration, & chacun sait la retenir. On n'est point incomodé de la petite quantité d'eau qui entre dans les narines; on ne s'aperçoit même pas s'il en entre. Il n'en est pas ainsi des oreilles: l'eau qui s'y introduit cause une petite surdité, mais qui ne tire point à conséquence; au moment où l'on s'y attend le moins, elle sort d'elle-même, & rend à l'ouie sa premiere vigueur. Cependant les persones délicates feront bien de se boucher les oreilles avec du coton qu'elles auront fortement exprimé après l'avoir imbibé d'huile.

Si l'on ouvre les yeux dans une eau sabloneuse, on éprouvera une légere cuisson quand on sera à l'air ; si l'eau est pure, on n'éprouvera rien. Dans tous les cas, on aura soin de refermer les yeux tandis qu'ils seront encor dans l'eau, pour les ouvrir quand ils seront à l'air, afin d'empêcher que les cils ne se replient entre l'euil & la paupiére ; ce qui sufiroit pour rebuter un començant.

Si l'on se tient dans l'eau de la maniere que je viens de prescire, on s'apercevra que le corps tendra à surnâger. Choisissez alors un endroit où l'eau ait à peu près le double de la profondeur de celui où vous êtes ; vous ne pourez réellement pas toucher le fond. Agitez vos membres comme pour nâger *en grenouille* (ce que j'enseignerai plus loin), vous drabonerez; c'eſt-à-dire, vous nâgerez entre deux eaux (*).

La dificulté conſiſte à ſe relever; & l'on reconoîtra ſans peine cette dificulté, ſi l'on fait attention que la tête ne peut ſortir de l'eau ſans augmenter le poids de la partie antérieure du corps, que par cette augmentation elle l'enfonce & s'enfonce avec elle juſqu'à ce que le tout ait repris ſon équilibre. Pour obvier à cet inconvénient, le compagnon préſentera au plongeur un gros bâton dont il apuira un bout en terre; celui-ci ſaiſira le bâton, le ſuivra des mains en l'empoignant alternativement de chacune, & parviendra ainſi à mettre la tête hors de l'eau.

Si l'on s'exerce dans un lieu dont le lit

(*) Le vieux mot *draboner*, que les plongeurs ont conſervé dans quelques provinces, & que je reſtitue à notre langue, vient du mot *drabon*, qui ſignifioit *taupe*.

ſoit inégal, on ſent que ce moyen de ſe relever devient inutile.

Que mon Lecteur ne s'épouvante pas de voir que je commence par le faire plonger, tandis qu'il paſſe pour conſtant que c'eſt là le terme des travaux du nâgeur. J'ai pour moi l'expérience, & ceux qui ne ſont pas de mon avis s'y rangeront bientôt s'ils raiſonent ſans prévention. Néanmoins j'avertis les gens opiniâtres ou peureux, que je leur indiquerai tout-à-l'heure un moyen pour nâger promptement ſans être obligé de plonger; mais je leur répete en même tems que le plus beau nâgeur, s'il ne ſait plonger, n'eſt guère plus à l'abri des accidens que celui qui ne ſait rien du tout. Revenons à mon éleve docile.

Nos corps ne ſurnâgent que parce qu'ils ſont plus légers qu'un égal volume d'eau: ſans cela tout l'art du monde ſeroit insufisant, & nous irions bientôt à fond. C'est ce qui arrive aux noyés, dont les poumons se resserrent, dont le corps se flétrit, & qui ne remontent sur l'eau que lorsqu'au bout de plusieurs jours, les chairs s'étant décomposées & ramolies, le volume d'air qu'elles contenoient a trouvé moins d'obstacle à se débander, & a grossi le cadavre sans en augmenter le poids.

Mais tous les hommes ne sont pas également légers à proportion de leur volume. Il y a des noyés dont le corps n'éprouve pas la révolution dont je viens de parler, & qui demeurent sur l'eau jusqu'à une décomposition totale. Il y a même des gens qui se noient sans que leur corps soit entierement plongé. Ceux-ci sont chargés de graisse; & de même que la chair pese moins que l'eau, la graisse pese moins que la chair. Comment font-ils donc pour se noyer? direz-vous. Hélas, ils s'agitent beaucoup parce qu'ils ont peur. S'il leur étoit possible de raisoner, ils se tourneroient sur le dos, & conserveroient ainsi la faculté de respirer.

De plus, il y a des persones qui sans paroître grasses, sont beaucoup plus légeres que d'autres persones de la même taille : & chez tous les hommes les jambes seront plus ou moins légeres dans l'eau relativement à leur forme, à leur longueur, à la capacité du tronc, à la grosseur de la tête. Ainsi les uns ont besoin de nâger dans une situation peu inclinée à l'horison pour diminuer le poids de leurs jambes & de leurs cuisses, d'autres de s'incliner davantage pour l'augmenter, d'autres de se tenir presque debout. Le véritable nâgeur est celui qui nâge dans toutes les situations, qui ne se repose d'une maniere que par une autre, qui ayant beaucoup de chemin à faire, & s'apercevant qu'il va être saisi d'une crampe, variera ſes atitudes pour donner de l'action aux muſcles qu'il ſent près de ſe roidir.

Si mon éleve a le corps tendu, les cuiſſes & les jambes ſerrées, les talons joints, les pieds écartés, les bras tendus, les doigts de chaque main ſerrés les uns contre les autres & bien tendus; les mains au niveau des épaules & la paume des mains tournée contre le fond, il aura la légéreté néceſſaire pour ſurnager; ſon corps montera à fleur d'eau: les feſſes & la tête ſe préſenteront en même-tems.

Mais ſa tête ne poura pas ſortir toute entiere; le ſpectateur n'en verra que la moitié. Ce n'eſt pas que l'eau ne ſoit aſſez forte pour ſoutenir le tout; car j'ai vu des gens dans cette ſituation ſuporter un morceau de plomb de trente livres qu'on leur metoit ſur les reins. C'eſt donc le défaut d'équilibre qui s'opoſe à ce que la tête

tête puiſſe ſortir ; & cela eſt ſi vrai que ſi au lieu de placer ſur les reins le morceau de plomb dont je parle, on en mettoit ſeulement quelques onces ſur une feſſe, le plongeur ne pouroit les ſoutenir & enfonceroit du côté qu'on les auroit miſes.

Il ne manque donc à mon éleve qu'un contrepoids pour qu'il parvienne à mettre la tête hors de l'eau. Il eſt néceſſaire que ce contrepoids ſoit placé à l'autre extrémité de ſon corps, & qu'il ſoit le maitre de l'augmenter ou de le diminuer à ſouhait. Ce contrepoids ſe trouve dans ſes jambes : elles aquerront plus ou moins de peſanteur, ſelon qu'il les raprochera ou les éloignera de la ligne verticale.

D'après ces notions, il y auroit une maneuvre au moyen de laquelle on pouroit ſe remettre ſur ſes pieds. Elle conſiſte à incliner les jambes vers le fond en les écartant, à porter les bras vers les fesses, & à plier les genoux. Mais cette maneuvre est trop lente & trop réfléchie pour un commençant : je vais en indiquer une plus aisée. Ici comme ailleurs, la simplicité dans les moyens doit obtenir une préférence exclusive.

Il ne s'agit que de tirer parti de la résistance de l'eau, en même-tems qu'on tirera parti de sa pesanteur. Je supose désormais que mon éleve est un homme de cinq pieds six pouces. Non que mes préceptes ne puissent également être mis en usage par des hommes de toutes les statures ; mais parce que je vais être obligé de donner des dimensions, & que mes dimensions seroient vagues si je n'avois en vue un sujet dont la taille fût connue de mes lecteurs.

Voici donc la meilleure maneuvre que je connoisse pour se remetre sur ses pieds.

Inclinez doucement vos jambes vers le fond, éloignez vos coudes, raprochez vos mains l'une de l'autre; conservez à vos bras leur position horisontale. Donnez à vos mains la forme qu'elles prendroient si vous les apuyiez sur un globe de sept à huit pouces de diametre, en observant néanmoins de tenir les doigts bien serrés les uns contre les autres. Pressez vigoureusement & d'un seul coup, l'eau qu'elles rencontreront dans leur chemin, comme si vous vouliez la faire passer entre vos cuisses, & faites un saut par dessus, les jambes écartées. L'apui sera plus que sufisant pour vous remettre de bout.

Observation essencielle. Dès que vous aurez fait cette percussion, remontez doucement vos bras à la surface; & afin que dans le trajet ils éprouvent le moins de résistance possible, laissez vos mains pendantes. Cette opération, qui n'est que préparatoire, vous sera utile, soit que votre percussion ait été trop foible pour vous, remettre sur vos pieds, soit qu'elle ait été trop forte ou mal dirigée.

Si elle a été trop foible, vous en ferez promtement une seconde, après avoir redoné à vos mains la forme que j'ai indiquée plus haut.

Si la percussion a *été trop forte*, ou mal dirigée, & que votre corps tende à culbuter en arriere, essayez de vous mettre sur vos pieds à l'aide d'une *atraction.* Pour cet effet, vous atirerez rapidement à vous, l'eau qui se rencontrera dans la direction de vos mains, lesquelles avec vos bras doivent former un instrument semblable à celui dont se servent les boulangers pour tirer la braise du four, ou les banquiers de pharaon pour amener l'or des pontes.

Si l'atraction est trop foible pour vous

empêcher de tomber à la renverſe, ne vous amuſez pas à une ſeconde tentative; mais alongez promtement tout votre individu, ſerrez les cuiſſes, joignez les talons, étendez les bras de chaque côté le long du corps, la paume de la main tournée contre le fond & l'articulation du pouce apuyée contre la hanche; roidiſſez-vous bien depuis la tête jusqu'aux pieds. Votre corps montera dans cette même poſition renverſée; votre nez & votre bouche ſeront au deſſus de la ſurface de l'eau. Cependant il faut vous garder de ſoulever la tête.

Voilà ce qu'on apele *faire la planche*. Demeurez-là ſans bouger tant qu'il vous plaira. Les conoiſſeurs verront que vous avez manqué vos maneuvres, & que vous vous êtes jeté ſur le pont aux ânes; mais la foule vous prendra pour un habile homme.

Quand vous aurez reſpiré tout à votre

aiſe, vous pourez facilement nâger dans cette poſture. Il ne s'agit que de raprocher les talons des feſſes en écartant les genoux, & de roidir les jambes & les cuiſſes en les étendant avec force. La plante de vos pieds éprouvera une réſiſtance à proportion de laquelle vous avancerez ſur le dos.

Paſſons à la maniere commune d'apprendre à nâger.

La plupart des gens qui font métier de donner des leçons, prétendent qu'il eſt eſſenciel de ne pas chercher un apui dans un corps léger, ſous prétexte que lorſque le nâgeur eſt parvenu à déployer ſes propres forces, il enfonce trop avant dans l'eau, & que ce défaut ſe convertit en habitude. Un inſtant de réflexion fait ſentir l'abſurdité de ce raiſonnement. Ce n'eſt pas toujours une erreur de leur part, c'eſt une petite ruſe atachée à la profeſſion. Ils dirigent leurs écoliers pluſieurs mois de ſuite, pluſieurs années même, en leur tenant la main ſous le menton, ſous le ventre, ou enfin en les atachant à une corde qu'ils tirent par un bout. De là vient peut-être que des gens d'eſprit qui n'ont jamais pu réuſſir à nâger, en prenant de ces ſortes de leçons, ſe ſont perſuadés que l'exercice de la nâge eſt rempli de dificultés.

Mais tous les apuis ne ſont pas également ſûrs, & toutes les manieres de s'en ſervir ne ſont pas également bonnes.

Les faiſceaux de jonc empêchent les bras de ſe mouvoir avec facilité.

Les veſſies ſont ſujetes à crever. Les calebaſſes ou *bouteilles de pélerin* ont auſſi leur inconvenient : la chaleur du ſoleil dilate l'air qu'elles contiennent, le bouchon ſaute, & l'eau y pénétre. D'ailleurs un choc peut les casser, de même que les boites de fer-blanc ou d'autre métal. J'ai été témoin de plusieurs accidens ocasionés par toutes ces machines à vent. On verra plus bas qu'il faudroit encore les rejeter quand même elles ne seroient pas dangereuses.

Je ne conois que le liége qui doive être employé par les començans. Les uns s'en font une double cuirasse qu'ils atachent par les côtés avec des cordes : les autres se servent d'une seule planche qui leur couvre la poitrine & le ventre : d'autres mettent la planche par derriere, & laissent le devant à nud. Cette maniere est moins mauvaise que la précédente. J'ai vû un jeune homme qui s'étant cuirassé par devant, s'avisa de se tourner sur le dos : tous les efforts qu'il fit pour se remettre sur le ventre furent vains, & il auroit péri s'il n'eût été secouru.

D'autres

D'autres enfin ont une ſorte de chapelet qui leur fait le tour du corps au deſſous des aiſſeles. Cet inſtrument eſt un diminutif de celui dont je vais parler.

On ſe ſert de tems immémorial en Europe & en Amérique, de veſtes de toile piquées de liége, & fixées par une bande qui paſſe entre les cuiſſes; ou ſimplement de corſelets fabriqués avec des bouchons de groſſeur inégale, dont on forme une eſpece de tiſſu avec de la ficele. Ces inſtrumens ſont très comodes pour voyager ſur l'eau. Ils ont été perfectionés de nos jours par M. de la Chapelle, qui les a nommés *Scafandres*. Cet académicien n'auroit fait qu'y ajoûter des étriers, qu'il auroit encore des droits, ce me ſemble, à la reconoiſſance publique. (Je crois néanmoins qu'on pouroit doner au ſcafandre une nouvelle perfection. Ce feroit d'atacher à chaque étrier une longue pate-d'oie, dont les membranes feroient conſtruites avec du tafetas ciré, & la carcaſſe avec des branches de baleine). Au ſurplus, l'utilité du ſcafandre ſe borne au moment où l'on s'en ſert; & l'on ne parvient pas plus à être nâgeur en en faiſant uſage, qu'on n'y parviendroit en ſe promenant dans une barque.

Voici la maniere qui me paroît la plus ſûre, la plus comode, la moins couteuſe, & la ſeule capable de mettre un homme d'une conformation ordinaire en état de nâger ſeul au bout de huit jours.

Enfilez à une corde, groſſe comme le petit doigt, & longue de deux pieds & demi plus ou moins, un morceau de liége coupé en rond, & qui ait un pouce & demi de diametre ſur neuf à dix lignes d'épaiſſeur. Qu'un ſecond morceau, d'un diametre plus conſidérable, ſuive le premier: qu'un troiſieme ſuive le ſecond; &

ainsi de suite, jusqu'à ce que vous ayez formé un cône (ou pain-de-sucre) de cinq à six pouces de hauteur sur neuf à dix pouces de base.

Ce cône sera arrêté à son somet par un double neud que vous ferez à l'extrémité de la corde, & à travers lequel vous planterez une cheville que vous assujétirez avec une ficele, pour plus de solidité.

L'autre extrémité de la corde sera garnie d'un autre cône disposé comme celui-là.

Etendez cette corde sur l'eau, & mettez vous dessus en travers. Vous vous sentirez surnâger, au point que vous auriez peine à plonger la tête. Cependant si vous êtes mince il faudra racourcir la corde; & dans tous les cas vous la disposerez de maniere que vos liéges ne flotent pas trop près des aisseles, ce qui pouroit gêner le mouvement de vos bras.

Ici vous avez à craindre un accident grave. La corde peut abandoner la poitrine, glisser le long du ventre, s'arrêter à la naissance des cuisses : la tête plonge, le tronc la suit, les jambes demeurent suspendues, & la vie est en danger.

J'ai vu des *montreurs* faire faire cette culbute à leurs écoliers, pour avoir le plaisir de les relever un instant après. Si l'on se persuade que c'est là un moyen de familiariser un homme avec l'eau, on se trompe lourdement.

Voici le remède. Préparez deux anneaux de corde qui aient le double de la grandeur dont vous auriez besoin pour y faire entrer vos bras jusqu'aux épaules. Atachez ces anneaux à la corde principale, en laissant entre deux la largeur nécesſaire pour aſſeoir comodément votre poitrine. Avant de vous abandonner à l'eau ſur cet inſtrument, vous aurez ſoin de paſſer un bras dans chaque aneau juſqu'à l'épaule.

Afin de ménager la poitrine des dames, je leur fais paſſer ſur le dos la corde principale, & je fais fabriquer les aneaux avec de fortes treſſes de laine garnies de velours. Ainſi l'articulation de l'épaule eſt la ſeule partie de leur corps qui éprouve quelque frotement, & encore ce frotement eſt-il preſqu'inſenſible. J'apelle cela *nâger à la liſiére.* Je ne ſais ſi les grecs ou les romains ont conu ce moyen de faciliter au beau ſexe un exercice auſſi agréable qu'utile ; mais je me ſais bon gré de le lui avoir indiqué le premier dans notre ſiécle.

Pour vous préparer à vous porter en avant, vos bras doivent être pliés, &

vos mains bien tendues, la paume tournée contre le fond. Raprochez les l'une de l'autre, de sorte que les deux pouces & les deux indexs se touchent mutuellement par le bout.

Ayez les coudes au niveau des épaules, & les mains au niveau des coudes. C'est le précepte le plus essenciel, & c'est celui dont les començans se ressouviennent le moins dans l'action. L'habitude où nous sommes de porter les mains à terre pour nous retenir lorsque nous fesons une chûte, me paroît être la cause de ce mécanisme, qui, à la moindre peur, dispose les membres d'un écolier comme pour marcher à quatre pates. JE LE RÉPETE DONC : AYEZ LES COUDES AU NIVEAU DES ÉPAULES, ET LES MAINS AU NIVEAU DES COUDES.

Que vos mains soient raprochées de votre corps de maniere que la main droite forme en dehors un angle rentrant (d'environ cent quarante-cinq degrès) avec l'avant-bras droit, & la main gauche de même.

Que vos talons ſe touchent ou à peu près, & qu'ils ſoient rapprochés de vos feſſes ; que vos genoux ſoient éloignés l'un de l'autre le plus qu'il ſera poſſible.

Tenez vous prêt à chaſſer vigoureuſement de la plante des pieds l'eau qui ſe trouvera dans leur direction, & retenez bien ce que je vais dire.

Comme ſi un même reſſort faiſoit partir à la fois vos pieds & vos mains, que vos jambes & vos bras ſe déploient au même inſtant. Que vos mains ſe portent en avant ET A LA HAUTEUR DES ÉPAULES, & ne ceſſent de ſe toucher, même lorſque vos bras ſeront déployés dans toute leur longueur.

Cet élans vient de vous faire avancer en raiſon de la promtitude que vous y avez miſe. Il ne faut pas vous hâter de raſſembler vos membres, parce que votre mouvement ſubſiſte encore quoique la cauſe qui le produiſoit ne ſubſiſte plus. Attendez, pour changer de poſture, qu'il ſoit preſque fini, ce que vous reconoitrez à l'augmentation de votre poids, qui vous fera un peu enfoncer.

Alors vous diſpoſerez vos membres comme ils étoient avant que vous fiſſiez l'élans. Mais il faut tirer parti de ce nouveau travail en l'employant à avancer encore. Vos jambes ni vos pieds ne peuvent vous ſervir pour cela; vos bras & vos mains y ſupléeront.

Eloignez d'abord lentement vos mains l'une de l'autre, obſervant de tenir les bras bien tendus; & lorſque vos mains seront éloignées entr'elles d'environ deux

pieds

pieds & demi, inclinez les de ſorte que le côté du petit doigt de chacune ſoit un peu plus élevé que le côté du pouce. Mettez alors de la vigueur à la continuation du mouvement de vos bras : vous avancerez. Vos MAINS n'ont pas dû ceſſer encor d'être AU NIVEAU DES ÉPAULES : mais lorſqu'elles ſeront diamétralement opoſées l'une à l'autre, il faudra que l'extrémité des bras pénetre plus avant dans l'eau à meſure que vous agrandirez la portion de cercle qu'ils décrivent. Ici le mouvement doit être rapide, car ce n'eſt qu'à l'aide de la réſiſtance que l'eau opoſe à la paume de vos mains, que vous continuez d'avancer ; & de plus ce n'eſt qu'à l'aide de cette même réſiſtance, que vous vous ſoutiendriez ſans faire la culbute, ſi vous n'étiez ſoutenu par des liéges. Si pourtant vous avez bien ſu mettre à profit cette réſiſtance, vous aurez du tems de reſte pour plier vos bras, les raporter devant votre poitrine, (OBSERVANT DE LEUR FAIRE RE-

PRENDRE LEUR POSITION HORISONTALE PENDANT CE TRAJET) & pour vous élancer une ſeconde fois.

Malgré les efforts que j'ai faits pour me rendre intelligible, je ne me flate pas d'être entiérement compris à la premiere lecture; mais j'eſpere qu'en me liſant avec atention une ſeconde fois, on entendra facilement ce qui n'aura pas été entendu la premiere. Cependant ſi l'on ne trouvoit pas toutes mes explications également claires, il ne faudroit point ſe rebuter pour cela. Il ſuffira d'en avoir compris quelques-unes pour être en état de ſupléer ſoi-même les autres, avec un peu d'atention, puiſqu'elles portent toutes ſur un petit nombre de principes ſimples & faciles à ſaiſir, ſavoir : que nos corps ſont plus légers que l'eau; que nos corps ne ſont pas partout également légers; qu'il faut doner aux parties les plus légeres une peſanteur capable de les tenir en équilibre avec les plus pesantes, & aux parties les plus pesantes une légéreté capable de les tenir en équilibre avec les plus légeres; que les diférentes parties de notre corps ne peuvent aquérir cette variété de poids que par la diversité de leur position, ou par la résistance de l'eau.

En s'exerçant à la lisiére une heure par jour, il faudra retrancher à chaque fois une portion égale des deux cônes, pour les diminuer de volume à proportion des forces qu'on aura aquises. L'homme le moins adroit & le plus craintif nâgera sans aucun secours avant la quinzaine.

Ceux qui auront d'abord préféré de plonger, pouront également s'exercer à à la lisiére lorsqu'ils voudront comencer à nâger. Mais j'ai vu des persones qui n'avoient pas besoin de recourir à ce moyen, & qui après avoir plongé quatre ou cinq jours, essayoient leurs forces en sortant la tête de l'eau, & ne les essayoient pas en vain. Il est vrai que j'atribuois en partie leur succès à la confiance qu'elles avoient en moi.

Lorsque vous ne serez plus à la lisiére, vous vous acoutumerez à doner à vos membres divers mouvemens pour vous faire avancer. On nâge *en chien*, on nâge *en grenouille*, on *coupe l'eau*, on nâge *en grifon*, on nâge *à coups de poings*, on nâge *à coups de pieds*, on nâge *sur le dos*, on nâge *les pieds devant*, &c. Je vous ai apris à *plonger*, à *draboner*, à nâger *sur le dos*, à nâger *en grenouille*. Pour le reste regardez maneuvrer un bon nâgeur : mais n'oubliez pas que celui qui ne nâge que d'une maniere est bientôt fatigué, & que celui qui plonge ne l'est jamais. Enfin vous avez les préceptes fondamentaux. Si j'en ajoutois d'autres, je pourois cesser d'être clair, & la dificulté de les comprendre, vous feroit négliger les premiers. Je vais ſeulement vous doner quelques avis indiſpenſables.

Juſqu'ici j'ai ſupoſé que vous vous exerciez dans une eau morte; mais quand vous vous ſentirez aſſez fort, vous devez vous exercer dans les eaux courantes. C'eſt là ſeulement qu'on peut aprendre à conoître les moyens auxquels il faudra recourir dans les grands dangers. Le philoſophe qui vouloit aprendre à ſon diſciple à traverſer l'Helleſpont dans les canaux de ſon jardin, n'étoit pas nâgeur.

Pour nâger debout ſans le ſecours des bras, il faut écarter les jambes le plus qu'on poura, & marcher dans cette ſituation en preſſant l'eau vigoureuſement de la plante des pieds.

Si l'on veut nâger de bout dans une riviere, il faut se présenter incliné contre la source, afin de n'être pas culbuté par le courant, dont la rapidité est toujours plus forte vers la surface que vers le fond.

Je n'ai rien dit encore du parti qu'un nâgeur peut tirer de l'air en l'acumulant dans ses poumons. Ce moyen d'aléger le corps, toutes les fois que les autres ne sufisent pas, est si naturel, que la plupart des començans se gonflent dans l'eau dès la premiere leçon, sans qu'ils s'en aperçoivent eux-mêmes.

Si vous êtes plongé dans une eau courante, & que vous vouliez remonter promtement en vous aidant de quelques *brassées*, votre corps ne doit être placé ni horisontalement ni verticalement, mais il doit tenir le milieu entre ces deux positions, la tête plus voisine de la source, que les pieds. Ayez le dos tourné à l'embouchure, & faites vos brassées ou nâgez en grenouille, ce qui est la même chose (*) (en vous maintenant sous un angle de quarante-cinq degrés). Quand vous ne *brasseriez* pas, le courant vous remonteroit seul dans cette position.

Puisque tous les hommes ne sont pas également lourds relativement à leur volume, tous n'ont pas la même facilité de pénétrer dans le sein des eaux. Bien plus, il y en a qui éprouvent une impossibilité absolue de plonger, à moins qu'ils ne se jettent d'une certaine hauteur. Il existe à Naples un chanoine si chargé de graisse, qu'il se promene dans la mer sans se mouiller plus haut que le nombril, quelques ef-

---

(*) Je sais bien que les grenouilles ne font pas de brassées; mais peut-être ceux qui ont consacré l'expression *nâger en grenouille*, ne s'en étoient-ils pas apperçus.

forts qu'il faſſe pour enfoncer. Ce chanoine eſt un ſcafandre vivant. Le peuple napolitain a pour lui une vénération qui ceſſeroit tout à coup s'il s'aviſoit de maigrir, car alors il ne ſauroit pas même nâger.

Si vous êtes à la ſurface de l'eau, & que vous vouliez diſparoître en un inſtant, mettez vous debout, les jambes jointes, les pieds alongés, les bras élevés & bien tendus, ou abaiſſés & apliqués le long du corps.

Si vous voulez vous jeter dans l'eau d'un lieu élevé, tenez vous bien droit, les bras colés le long du corps, les jambes croiſées dans leur longueur, les pieds tendus; & préſentez les orteils les premiers. Vous pouvez auſſi faire une *tête-devant* : le mot explique la choſe. Mais le ſecond de ces exercices exige une grande habileté, ſans quoi l'on riſque de ſe tuer en tombant

tombant sur le ventre ; & le premier n'est guère moins dangereux, si l'on n'a pas une parfaite connoissance du local.

Quoique l'air dont on emplit ses poumons, rende le corps moins lourd, & semble contrarier la fin qu'on se propose en plongeant, je suis d'avis qu'on s'en munisse d'une bonne dose, s'il se peut. C'est le moyen de conserver plus long-tems ses forces quand on a du chemin à faire sous l'eau. D'ailleurs on y prolonge son séjour de plusieurs secondes, en lâchant des boufées par intervales. Ces boufées étonerent, dit-on, un moment le savant Halley, qui fesoit des expériences. Il vit bouilloner l'eau à la surface, & crut que ses plongeurs se noyoient.

Les éponges qu'on tient à la bouche après les avoir huilées & exprimées, offrent aux poumons un léger secours, en leur procurant le peu d'air que l'eau n'en aura pu chasser.

Je ne connois point de plongeur qui ſans employer les moyens inventés par la mécanique, ſoit en état de demeurer trois minutes ſous l'eau. Les plus vigoureux & les plus exercés ſe bornent comunément à deux; & pluſieurs ne vont pas juſque là. J'ai vu des gens me ſoutenir que j'y étois demeuré plus de cinq minutes, mais ils n'avoient pas regardé leur montre.

Quant aux perſones aſſez heureuſes pour pouvoir agir des heures entiéres ſous l'eau, elles doivent cet avantage à une conformation particuliere.

SECTION TROISIEME.

D'une école de nâge.

On ſe plaint de l'indiférence de certains gouvernemens pour les projets qui n'ont d'autre but que l'utilité publique. Mais ſuſit-il d'aſſaillir un gouvernement de projets pour être en droit de ſe récrier contre ſa lenteur à en adopter un ? Ne faudroit-il pas avant tout démontrer qu'il y en a un de raiſonable ? Nous n'avons point en France d'école de nâge ! Mais en a-t-on ailleurs ? Et cet acord tacite entre toutes les nations pour diférer la fondation d'un établiſſement dont chacun voit la néceſſité, ne prouveroit-il point que la poſſibilité n'en eſt pas également évidente ? Qu'un miniſtre ait le malheur d'adopter un projet de la nature de ceux dont j'ai parlé dans la premiere ſection, qu'arrivera-t-il? Les gazetiers porteront d'abord aux nues le miniſtre & l'établiſſement, les ſages plaindront bientôt le miniſtre d'avoir voulu le bien & de ne l'avoir pas rencontré, & avant la fin de l'été les oiſiſs ſe moqueront des uns & des autres.

Le public eſt en droit d'exiger que je donne auſſi mon plan, puiſque tout le monde donne le ſien. Il faut donc que je m'exécute. Mais je prie les perſones qui me liront, de ſe ſouvenir que je vais expoſer un avis, & non propoſer un projet.

Je ſupoſe un baſſin creuſé en entonoir. Le bord de ce baſſin auroit cinq ou ſix pouces de profondeur, & le centre un pied & demi. Le centre, au lieu d'être terminé en pointe, ſeroit coupé en plate-forme : c'eſt-à-dire, que l'intérieur du baſſin repréſenteroit un cône tronqué, dont la baſe ſeroit en haut.

La plate-forme auroit cinq à ſix pieds de diametre, & ſeroit circulaire, ainſi que le baſſin. Le diametre du baſſin ſeroit de quinze à vingt pieds.

Les éleves qui s'exerceroient à plonger, partiroient du centre, & *drabone-roient* en ſe dirigeant avec ſécurité vers un point quelconque de la circonférence. En peu de ſecondes ils ſe trouveroient dans une eau ſi baſſe, qu'ils ſeroient phiſiquement contraints de mettre la tête à l'air.

Afin d'éviter les coups à la tête & les écorchures aux genoux, on pouroit revêtir de gazon le fond du baſſin.

Bien-tôt les éleves voudroient paſſer de ce baſſin dans un autre plus vaſte & plus profond au centre. De celui-ci ils paſſeroient dans un troiſieme.

Les nâgeurs qui ſe ſerviroient d'un apui, auroient un baſſin particulier. Il faudroit des apuis de différens volumes, depuis celui dont j'ai doné la deſcription dans la ſection précédente, juſqu'à un apui ſi foible que le volume du liége ſe réduisît preſque à zéro. Les apuis ſeroient numérotés depuis quinze juſqu'à un. Je ſuis perſuadé que les éleves qui auroient commencé par plonger, franchiroient la plupart des numéros pour ſauter au premier.

Je voudrois qu'on permît de parler, de chanter, de rire aux éclats; & qu'on défendît ſévérement les jeux de main, à cauſe du danger des conſéquences. Mais il faudroit pour les éleves déjà formés, & qui voudroient s'aguerrir, un baſſin ou les jeux fuſſent permis.

Une école de nâge dans une eau courante ne réuſſira jamais. Je ne veux pas dire qu'on ne puiſſe aprendre à nâger dans une eau courante; le contraire ſe voit tous les jours: je parle d'une école publique, d'un établiſſement national.

D'ailleurs je déſirerois que nous euſſions une école ouverte tous les mois de l'année. La pompe à feu de Chaillot pouroit, je crois, en fournir le moyen.

Il s'y perd une quantité considérable d'eau brûlante; quoi de plus simple que de creuser quelques bassins & d'y recueillir cette eau ? Si elle est trop chaude on en mêlera de froide.

Ce petit essai tient la place d'un travail long & pénible que j'avois entrepris il y a quelques années. Je voulois envisager la nâge sous tous ses aspects : je voulois deviner l'art que nous avons perdu. J'ai beaucoup écrit ; tous mes papiers ont été brûlés. Rien de plus fatigant, ce me semble, que de faire un livre qu'on a déjà fait. Aussi n'ai-je pas songé depuis à recomencer le mien. Si toutefois le public continue d'aplaudir à mes efforts, je reprendrai ma matiere, je m'ocuperai de nouvelles expérience, & je produirai ce que j'aurai fait d'utile.

L'expérience, & surtout l'expérience de

plusieurs, en aprend plus que toutes les méditations. L'art de monter un cheval étoit à peine soupçoné quand le chevalier de Pluvinel en vint poser les principes au seizieme siécle; aujourd'hui le chevalier de Pluvinel viendroit nous demander comment il faut empoigner la bride. Lorsque les académies de nâge auront produit des Laguerininiere, des Nestier, des Labie, des d'Abzac, des Lambesc; lorsque notre cavalerie traversera un fleuve comme elle suit une grande route; lorsqu'on aura des traités de nâge aussi complets que nos traités d'équitation; alors mes essais décéleront mon impuissance : mais peut-être n'aura-t-on pas oublié que ce fut moi qui ouvris la carriere.

Faute à corriger.

Page 14, *ligne* 13, quatrevingt-quatre, *lisez* quatre-vingt-trois.

www.ingramcontent.com/pod-product-compliance
Ingram Content Group UK Ltd.
Pitfield, Milton Keynes, MK11 3LW, UK
UKHW031948260826
14628UKWH00004B/1930

9 782014 023503